PädagGomes

ıschen

CW00449559

Paula Gomes

Pädagogische Praktiken für autistische Menschen

Erstellung eines Pflegeplans mit Hilfe der Psychomotorik als Lehrmittel

ScienciaScripts

This book is a translation from the original published under ISBN 978-613-9-60762-4.

Publisher:
Sciencia Scripts
is a trademark of
Dodo Books Indian Ocean Ltd. and OmniScriptum S.R.L publishing group

120 High Road, East Finchley, London, N2 9ED, United Kingdom
Str. Armeneasca 28/1, office 1, Chisinau MD-2012, Republic of Moldova, Europe

ISBN: 978-620-7-30106-5

INHALT

ZUSAMMENFASSUNG

Ziel dieser Arbeit ist es, durch die Untersuchung der Psychomotorik, insbesondere der visuoperzeptiven Fähigkeiten, einen speziellen pädagogischen Betreuungsplan als Lehrmethode zu erstellen. Auf diese Weise hoffen wir, visuoperzeptive psychomotorische Fähigkeiten bei Schülern mit Autismus-Spektrum-Störungen als Ressource für das Lernen zu entwickeln. Wir haben Literaturrecherchen als Quelle für die Entwicklung der hier im Plan vorgeschlagenen Aktivitäten genutzt. Wir stützten uns auf Referenzen aus der Spezialisierung in AEE an der Federal University of the Semi-Arid, die für diesen Kurs vorbereitet wurden, sowie auf Bücher und Artikel, deren Thema der vorgeschlagenen Studie nahe steht. Zu den Autoren gehören Bedaque (2015), Falkenbach (2010), Surian (2010), Freire (1996), die Abteilung für Sonderpädagogik und, als Höhepunkt, Fonseca (2008), dessen zentrales Thema Psychomotorik und die Entwicklung des Lernens ist. Der von Bedaque (2015) vorgeschlagene Modellplan wurde verwendet, wobei er an den Forschungsvorschlag bezüglich der psychomotorischen Aktivitäten angepasst wurde. Die Ergebnisse dieser Ausarbeitung wurden in zehn Aktivitäten beschrieben, die die fünf visuellen Wahrnehmungsfähigkeiten abdecken, die nach Fonseca (2008) sind:" Räumliche Beziehungen; Hintergrundfigur; visuell-motorische Koordination; Konsistenz von Form und Position im Raum. Wir hoffen, dass wir mit diesem Betreuungsplan zu einer spielerischen pädagogischen Praxis beigetragen haben, die als Routine organisiert ist, um das Lernen zu stimulieren und das Interesse des Schülers mit Autismus-Spektrum-Störung zu wecken, um den Unterricht mit den Lehrern des sonderpädagogischen Betreuungsraums und des regulären Klassenzimmers zu begünstigen und zur Umsetzung einer schulischen Inklusionspolitik beizutragen, deren Hauptinteresse darin besteht, bei dem Schüler mit sonderpädagogischem Förderbedarf den Wunsch zu entwickeln, täglich im schulischen Umfeld zu bleiben, basierend auf neuen pädagogischen Praktiken.

Schlüsselwörter: PFLEGEPLAN; AUTISTISCHES SPEZIALISTISCHES DISORDER PSYCHOMOTRÄT.

KAPITEL 1

EINFÜHRUNG

Diese Arbeit wurde aus der Perspektive des Aufbaus eines pädagogischen Betreuungsplans konzipiert, der das Lernen von Schülern mit einer Autismus-Spektrum-Störung berücksichtigt, insbesondere ihre perzeptiv-visuellen Fähigkeiten (Psychomotorik). Wir wissen, dass Autismus nach Surian (2010, S.10) eine "neuropsychologische Entwicklungsstörung ist, die sich durch ausgeprägte und anhaltende Schwierigkeiten in der sozialen Interaktion, der Kommunikation und dem Repertoire an Interessen und Aktivitäten manifestiert". Auf der Grundlage dieses Konzepts nutzen wir die Psychomotorik, um den Schülern eine Strategie zur Verfügung zu stellen, die ihre Aufmerksamkeit aufrechterhält und den Aufbau einer Routine während der Sitzungen in den Räumen der sonderpädagogischen Betreuung fördert, indem wir visuoperzeptive Aktivitäten einsetzen. Wir haben seit dem Beginn dieser Spezialisierung über diese Arbeit nachgedacht, weil ich mit Autismus-Spektrum-Störungen arbeite und eine aus der Psychomotorik entwickelte Routine den Schülern eine gute Entwicklung in lernorientierten Aktivitäten ermöglichen könnte. Wir haben diese Studie auf der Grundlage von Literatur- und Dokumentationsrecherchen und durch Beobachtung des schulischen Umfelds, in dem wir arbeiten, formuliert, in der Hoffnung, das Lernen von Kindern mit Autismus durch die Entwicklung eines Betreuungsplans zu fördern, der sich auf die visuellen Wahrnehmungsfähigkeiten der Schüler konzentriert, während eines Teils der wöchentlichen Betreuungsstunden, die sie besuchen. Visuelle Wahrnehmungsaktivitäten können bei Kindern mit Autismus ein größeres Interesse an der Durchführung der Aktivität wecken, da diese Schüler im Allgemeinen leichter mit Objekten interagieren oder auf einem Objekt fixiert bleiben als mit Menschen. Durch die hier vorgeschlagene Ausarbeitung werden ESA-Lehrer in der Lage sein, sie mit dem Schüler anzuwenden und ein weiteres Mittel zum Unterrichten als pädagogische

Praxis zu entwickeln, sowohl mit autistischen Kindern als auch mit den anderen Schülern, die an den Aktivitäten im Klassenzimmer teilnehmen. Im Rahmen der Unterrichtsstrategien denken wir daran, einen Raum zur Förderung dieser pädagogischen Praxis im Raum der Sonderpädagogischen Förderung einzurichten. Nach Freire (1999, S. 45) "ist es wichtig, nicht auf der Ebene der Institutionen stehen zu bleiben, sondern sie der methodisch strengen Analyse unserer epistemologischen Neugier zu unterziehen". Wir haben daher versucht, in unserer Konstruktion Aktivitäten zu untersuchen, die eine spielerische pädagogische Praxis begünstigen, deren Realität aus kreativ ausgearbeiteten Aktivitäten besteht, die darauf abzielen, das Interesse des Kindes während der Praxis zu entwickeln und auf vergnügliche Weise das Interesse des autistischen Schülers zu erreichen, indem das schulische Umfeld mit spielerischen Aktivitäten umgestaltet wird. Für einige Autoren sind Spiele und Spiel dasselbe, aber wir sollten beachten, dass für Freire (1997) "das Spiel Regeln enthält, während das Spiel einen kompromisslosen" zufälligen Charakter hat und entsprechend dem Bedürfnis durchgeführt wird, das Vergnügen zu befriedigen, Objekte zu manipulieren und mit den imaginären oder realen Gedanken des Kindes zu interagieren. Wir sehen im Spiel eine Möglichkeit, zusammen mit der Psychomotorik, die Aufmerksamkeit von Kindern mit Autismus zu erregen, da die Freude an der Handhabung von Gegenständen vorhanden ist und das Spiel in der Lage ist, ein Bedürfnis nach Interaktion oder zumindest Integration zwischen dem Schüler mit Autismus und seinen Klassenkameraden zu wecken, und in Verbindung mit der spielerischen Art des Spiels, die es ihnen ermöglicht, sich zu sozialisieren.

KAPITEL 2

SPIEL IN DER KOGNITIVEN ENTWICKLUNG VON KINDERN: MÖGLICHKEITEN FÜR DEN UNTERRICHT

Wir werden die Klassifizierungen des Spiels nach Piaget analysieren. Es zeigt sich, dass jede Phase der kindlichen Entwicklung (sensomotorisch, präoperativ, konkret-operativ, formal-operativ) durch eine bestimmte Art von Spiel gekennzeichnet ist, die in dieser Arbeit abgegrenzt werden soll, um die kognitiven Fähigkeiten des Kindes in jedem Alter besser zu aktivieren. Dies beschränkt uns nicht darauf, sie nur in einer bestimmten Phase anzuwenden, da diese Spiele entsprechend der Fähigkeit jedes Kindes, sie zu spielen, verteilt werden, denn wie uns Braga Júnior; Belchior; Santos (2015, S.13) sagt, wissen wir, dass:

> Globale Entwicklungsstörungen sind gekennzeichnet durch: eine schwere und globale Beeinträchtigung in mehreren Entwicklungsbereichen; soziale Interaktionsfähigkeit, Kommunikationsfähigkeit oder stereotypes Verhalten, Interesse an Aktivitäten.

Auf diese Weise werden wir nicht in der Lage sein, uns an die von Piaget genannten exakten Phasen des autistischen Entwicklungsprozesses zu halten, aber diese Studie sucht nach möglichen Organisationen, um Aktivitäten mit diesen Kindern innerhalb des Schulprozesses besser zu entwickeln, wobei die Konstruktion jedes Einzelnen als Subjekt respektiert wird.

Beginnen wir bei den Klassifizierungen mit dem Bewegungsspiel (0 bis 2 Jahre), das am häufigsten in der sensomotorischen Phase gespielt wird, da es sehr stark von der wiederholten Ausführung motorischer Gesten bestimmt ist, damit das Kind neue Erfahrungen in sein motorisches Repertoire aufnehmen kann. Wir können hinzufügen, dass Kinder während des größten Teils ihres Lebens neue motorische Repertoires erwerben, was bedeutet, dass sich diese Phase nicht nur auf die ersten Jahre nach der Geburt erstreckt.

In der präoperationalen Phase (02 bis 07 Jahre) ist das symbolische Spiel sehr wichtig, da das Kind die Verantwortung für das Spielen übernimmt. In dieser Phase neigt das Kind dazu, mit großer Freude Nachahmungsspiele zu spielen und ist hoch motiviert, Bewegungen wie Springen, Hüpfen und Laufen zu erlernen, wobei es Entdeckungen und das Spielen als Hilfsmittel nutzt, um seine Energie zu extrapolieren und seine kognitiven Fähigkeiten zu aktivieren.

Die konkrete operative Phase (7 bis 12 Jahre) umfasst Konstruktionsspiele, die als Übergang zwischen symbolischen und regelgebundenen Spielen eingestuft werden. In dieser Phase entwickeln sich auch regelbasierte Spiele, bei denen das Kind beginnt, eine gesellige Konstruktion des Spiels durch Regeln und Aktivitäten zu entwickeln, bei denen die Zusammenarbeit als erzieherisches Element genutzt werden kann, was sie nicht daran hindert, an wettbewerbsorientierten Aktivitäten teilzunehmen, obwohl sie dringend auf die Interaktion mit anderen Kindern angewiesen sind, um in die soziale Realität einzutreten.

In der formalen operativen Phase (ab 12 Jahren) beginnt das Kind, sich an die Regeln zu halten, und zwar durch sehr gesellige Aktivitäten wie Sport, kulturelle Wettbewerbe, Ausflüge und andere Aktivitäten, die die Entwicklung der zwischenmenschlichen Intelligenz fördern.

Wir werden uns mehr auf symbolische und konstruktive Spiele konzentrieren, um über Aktivitäten und Spiele nachzudenken, die auf die Psychomotorik abzielen, denn wir glauben, dass wir in einer späteren Studie neue Wege für den Unterricht von Kindern mit Autismus durch Lernvermittlungsskalen (Anhang 1), Zeichensitzungen mit den Schülern und Aktivitäten, die die Psychomotorik einbeziehen, entwickeln werden.

Um Kinder in den Kontext der Stimulierung psychomotorischer Fähigkeiten durch Spiele und Spiel zu stellen, können wir die folgende Annäherung an die Fakten nutzen, um zu erkennen, dass gut gestaltete programmierte Lektionen, die an das Alter des Kindes angepasst sind, durch die Manipulation von Objekten in ihrem Inhalt ein starker Auslöser sein können, um das Interesse des Kindes an den vorgeschlagenen Spielen zu wecken. Nach Freire (1997, S. 115): "Im schulischen Kontext ist das Spiel, das den Kindern als Mittel zur Vermittlung von Inhalten vorgeschlagen wird, (...) nicht irgendein Spiel, sondern ein Spiel, das in ein pädagogisches Instrument, ein Lehrmittel verwandelt wird".

Ergänzend zur Aussage des Autors müssen wir die Spielweisen so interpretieren, dass die koordinative Aktion des Körpers stimuliert wird, um die Intelligenz des Kindes zu erreichen und zu fördern, wobei wir es auch als pädagogisches Werkzeug interpretieren. Wäre die Psychomotorik nicht ein Weg, dies zu erreichen?

In Anbetracht der Tatsache, dass das Spiel aus der Ausdruckskraft des Körpers und seiner Verwendungsmöglichkeit resultiert, wobei der Körper benutzt wird, um durch Aktivitäten, die Psychomotorik beinhalten, in den kognitiven Stimulus des Kindes einzutreten, zusätzlich zum Festhalten an all diesen Informationen bei der Ausarbeitung von Klassen, die durch pädagogische Praktiken Psychomotorik als eine Aktivierung der Gedanken und der intellektuellen, physischen und pädagogischen Entwicklung bieten, ist das der Grund, warum wir diese Wissenschaft als ein Mittel zum Unterrichten und zur Ausarbeitung eines spielerischen Plans mit dem kindlichen Interesse der Autisten gewählt haben.

Die Psychomotorik hat auf dem Gebiet der Inklusion viel erreicht. In der Tat hat sie den Blick der Pädagogen von der Annahme weggeführt, dass die Schüler gerne ihren Körper benutzen, um mit Menschen und Objekten zu interagieren, da sich diese Wissenschaft mit dem Studium der menschlichen Bewegung befasst und jeder in seiner täglichen Entwicklung diese nutzt, um sich zu sozialisieren, zu lernen und affektiv in Beziehung zu treten. Laut Fonseca (2008, S. 15) "wird die Motorik somit gleichzeitig und sequenziell zur ersten Struktur der Beziehung und Ko-Beziehung mit der Umwelt {...}". Wir können sehen, dass die menschliche Bewegung etwas Spontanes ist, bei dem wir unsere Umgebung entdecken und durch die Möglichkeiten der Bewegung mit ihr interagieren. Dieses Thema wurde so konzipiert, dass die Integration zwischen dem AEE-Klassenzimmer und der Psychomotorik in die Praxis umgesetzt werden konnte, indem in der Unterrichtspraxis der Schule die ständige Übung der Entwicklung motorischer und psychologischer Fähigkeiten bei Schülern mit Autismus propagiert wurde, wobei die Dynamik gefördert wurde, so dass sie in ihrer Routine während der

Ausübung von Aktivitäten auf spielerische Weise lernen können, um das Interesse an diesen Aktivitäten zu wecken. Nach Fonseca (2008, S. 266):

> Die Sprache ist nicht auf den auditiv-verbalen Prozess beschränkt. Sie verinnerlicht oder integriert zahlreiche taktile, kinästhetische, propriozeptive, vestibuläre, posturale, somatognostische, aufmerksamkeitsbezogene und natürlich visuelle, visuomotorische usw. Prozesse von großer kognitiver Bedeutung.

Routine und Bewegung sind Teil des täglichen Lebens eines autistischen Kindes. Es ist interessant zu erkennen, dass Kommunikation oder das Fehlen von verbaler Kommunikation ein Merkmal von ASD (Autismus-Spektrum-Störung) ist (SURIAN, 2010, S. 10). Wenn wir dies analysieren, erkennen wir, dass die Praxis der visuellen Wahrnehmungsfähigkeiten nützlich ist, um die verbale oder nonverbale Kommunikation näher an die Entwicklung des Lernens heranzuführen, indem wir die Psychomotorik als mögliche Antwort auf den Lernprozess bei Schülern mit Autismus nutzen. Zu diesem Zweck denken wir daran, diese Routineaktivitäten in einem Raum zu entwickeln, der in den ESA-Klassenzimmern gebaut werden soll, mit Objekten, die wir auf organisierte Weise während der entwickelten psychomotorischen Aktivitäten verwenden werden.

Mit Blick auf den Aufbau von Wissen und die Verbesserung des Lernens autistischer Schüler durch die Entwicklung von Aktivitäten hoffen wir, dass diese Entwicklung, die das Studium psychomotorischer Aufgaben mit visuoperzeptiven Fähigkeiten einschließt, den spezialisierten pädagogischen Betreuungsplan verbessern kann, indem sie durch diese Aktivitäten eine Unterrichtsroutine für autistische Schüler spezifiziert und die Durchführung dieses Prozesses als theoretisch fundierte pädagogische Praxis begünstigt, um ein demokratisch integratives Schulumfeld zu schaffen. Wir glauben, dass die Verwendung von psychomotorischen Aktivitäten, die wiederholte pädagogische Praktiken beinhalten und routinemäßig innerhalb von zwei Sitzungen von je dreißig Minuten organisiert werden, Schüler mit Autismus dazu ermutigen können, exekutive Funktionen zu üben, die sind: "Prozesse der Kontrolle und Koordination des Funktionierens des kognitiven Systems und umfassen die Fähigkeit, die Aufmerksamkeit auf relevante Informationen zu lenken und aufrechtzuerhalten, um eine Aufgabe zu erledigen, Pläne zu machen" (SURIAN, 2010 S. 77), die bei Autismus aufgrund der Störung so geschwächt sind. In diesem Prozess der Ausarbeitung denken wir über die schulische Inklusion durch diese Unterrichtsstrategie nach und respektieren die Fähigkeiten und den Affekt in der Interaktion mit Objekten, die bei Kindern mit ASD beobachtet werden.

Im Rahmen der schulischen Eingliederung müssen wir dafür sorgen, dass die Schüler in der Schule bleiben und funktional teilnehmen. Dies erfordert eine neue Sichtweise, neue Lern- und Lehrmethoden, die auf die unterschiedliche Schulklientel abgestimmt sind.

KAPITEL 3

EIN KURZER GESCHICHTLICHER ÜBERBLICK ÜBER DIE AEE UND DIE INTEGRATIVE BILDUNG

In der vorchristlichen Zeit waren Menschen mit Behinderungen auf sich allein gestellt und hatten zwei Aufgaben: den Adel durch Arbeit zu bereichern oder an Schlachten teilzunehmen. Da die große Mehrheit der Behinderten Schwierigkeiten hatte, diese Aufgaben zu erfüllen, wurden sie diskriminiert und an den Rand der Gesellschaft gedrängt.

Im 12. Jahrhundert, in der Zeit des Christentums, begannen die Menschen, behinderte Menschen als Wesen mit Seele zu betrachten, mitleidig zu schauen, aber mit der protestantischen Reformation begann die Diskriminierung erneut, und behinderte Menschen wurden als Ketzer abgestempelt und dämonisiert.

Im 16. Jahrhundert, zur Zeit des Protestantismus, wurden Menschen mit Behinderungen dazu auserkoren, für die Sünden der Menschheit zu büßen. Erst in den 1940er Jahren, mit der Erklärung der Menschenrechte (1948), begannen die Schulen, ihre Arbeitsweise zu ändern und alle Schüler einzubeziehen.

Nach Ropoli (2010, S. 8):

> In der inklusiven Bildung wird die Schule als ein Ort für alle gesehen, an dem die Schüler entsprechend ihren Fähigkeiten Wissen aufbauen, ihre Ideen frei äußern, aktiv an den Unterrichtsaufgaben teilnehmen und sich ungeachtet ihrer Unterschiede als Bürger entwickeln.

Aus der Perspektive der integrativen Regelschule müssen wir mit dieser Erklärung viele Schritte unternehmen. Die Geschichte und die Menschenrechte schlagen vor, die Regelschule zu erweitern, um sie inklusiv zu machen, aber wie dieses System funktionieren soll, müssen wir als Fachleute überdenken und eine Schule für alle aufbauen.

In den 1960er Jahren hielten sich einige private Einrichtungen an die Erklärung der Menschenrechte und begannen, Menschen mit Behinderungen in ihre Schulen aufzunehmen. In dieser Zeit wurden in Brasilien philanthropische Einrichtungen zur Aufnahme von Menschen mit Behinderungen gegründet. Aus der Perspektive der Philanthropie erkennen wir, dass: "Bedaque (2015, S. 22), in Brasilien wurde die APAE (Association of Parents and Friends of the Exceptional) mit dem Ziel der Inklusion und Integration von Menschen mit Behinderungen gegründet, um die sonderpädagogische Betreuung zu verbessern und alle schulischen Maßnahmen zu einer kontinuierlichen Bewegung der Inklusion zu machen. Die Rolle der Inklusion ist in der Regelschule angesiedelt, der Institution, die für die Aufnahme und Entwicklung von Bildungspraktiken für alle verantwortlich ist. Später werden wir uns einen Artikel in der Entschließung 04/2009 (im Anhang) ansehen, in dem die Rolle der ESA-Räume in brasilianischen Schulen erläutert wird.

Abbildung 1 - Unterschiedliche Paradigmen

Die 1990er Jahre waren ein Jahrzehnt von großer Bedeutung für die Integration von Menschen mit Behinderungen in unserem Land. Anlässlich der Weltkonferenz "Bildung für alle" veröffentlichten Brasilien und das Bildungsministerium den Zehn-Jahres-Plan "Bildung für alle" für den Zeitraum 1993-2003, der in Erfüllung der Beschlüsse der Konferenz erstellt wurde. PROGRAMM "BILDUNG FÜR ALLE" (Universalisierung der Bildung).

Abbildung 2 - Einschlussfahne

In der Erklärung von Jomtiem aus dem Jahr 1990 heißt es: "Obwohl das Dokument die Rechte von Menschen mit Behinderungen hervorhebt, bekräftigt es ihre Teilhabe am Bildungssystem und spricht die Notwendigkeit an, dass die Schulen den Zugang ermöglichen, was für uns bedeutet, die Bildung zu demokratisieren und zu universalisieren, sie allen zugänglich zu machen und sicherzustellen, dass sie in der Schule bleiben.

Die Erklärung von Salamanca (1994), die ebenfalls in den 1990er Jahren stattfand, hatte zum Ziel, die Politik zu informieren und staatliche Maßnahmen und andere Institutionen bei der Umsetzung von Grundsätzen, Politik und Praxis der Sonderpädagogik anzuleiten. Das Interamerikanische Übereinkommen zur Beseitigung jeder Form von Diskriminierung von Menschen mit Behinderungen fand 1999 in Guatemala statt.

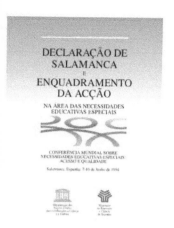

Abbildung 3 - Erklärung von Salamanca

In Brasilien heißt es in Artikel 58 des LDBEN/1996 (Nationales Bildungsrichtlinien- und Basisgesetz): "Unter Sonderpädagogik im Sinne dieses Gesetzes versteht man die Art der schulischen Ausbildung, die bevorzugt im Rahmen des regulären Schulnetzes für Schüler mit Behinderungen, globalen Entwicklungsstörungen und Hochbegabung angeboten wird." Nach diesem Gesetz hat der brasilianische Staat die Aufgabe, dafür zu sorgen, dass Menschen mit Behinderungen Zugang zur Regelschule haben und dort bleiben.

Die UNO (2006) hat ihrerseits die Konvention über die Rechte von Menschen mit Behinderungen ausgearbeitet, die besagt, dass Menschen mit Behinderungen in erster Linie Menschen wie alle anderen sind, mit einer führenden Rolle, Besonderheiten, Widersprüchen und Singularitäten. Diese Konvention wurde durch das Dekret 186/2008, die Nationale Sonderschulpolitik des MEC (2008) ratifiziert.

Schließlich haben wir in der Geschichte, speziell in Brasilien, und in der Sonderschulpolitik das Berinice-Piana-Gesetz vom 28. Dezember 2012, das die nationale Politik zum Schutz der Rechte von Menschen mit Autismus-Spektrum-Störungen festlegt. In diesem Auszug sagt uns das Gesetz, dass:

Art. 4 Es ist die Pflicht des Staates, der Familie, der

13

Schulgemeinschaft und der Gesellschaft, das Recht von Menschen mit Autismus-Spektrum-Störungen auf Bildung in einem integrativen Bildungssystem zu gewährleisten, das die Durchgängigkeit der Sonderpädagogik von der frühkindlichen Bildung bis zur Hochschulbildung garantiert.

Auf der Grundlage von Geschichte, Konventionen, Entschließungen und Gesetzen haben wir versucht, den Lesern vorzustellen, wie wir zur Erstellung dieses Betreuungsplans gekommen sind, der auf dem Gesetz basiert und versucht, ihn durch neue Wege der Einbeziehung innovativer pädagogischer Praktiken in ESA-Klassenräume in den Unterricht zu integrieren. Artikel 9 der Resolution 04/2009 besagt Folgendes:

Die Ausarbeitung und Umsetzung des ESA-Plans obliegt den Lehrkräften, die in den multifunktionalen Ressourcenzimmern oder ESA-Zentren arbeiten, unter anderem in Zusammenarbeit mit anderen sektoralen Gesundheits- und Sozialdiensten.

Wir verstehen, dass wir in dieser Arbeit versuchen, uns auf die Notwendigkeit zu einigen, einen Betreuungsplan zu formulieren, der auf der Wissenschaft der Psychomotorik basiert, damit wir die pädagogischen Praktiken in ESA-Klassenräumen erneuern können.

KAPITEL 4

METHODIK

Diese Studie ist qualitativer Natur und basiert auf einer Literaturrecherche, einer Konstruktion/Erarbeitung von psychomotorischen Aktivitäten, die spezifisch wahrnehmungsvisuelle Fähigkeiten beinhalten und als Unterrichtspraxis in ESA-Klassenzimmern durchgeführt werden, und die Forschung basiert auf einer Dokumenten- und Buchanalyse. Bei der Lektüre der von Falkenbach, Diesel und Oliveira (2010, S. 204) vorgeschlagenen Arbeit haben wir festgestellt, dass "die Sitzungen in einer Routine entwickelt werden, die aus den Eingangs- und Ausgangsriten und dem Moment des Spiels besteht". Bei der Erstellung dieses Betreuungsplans werden wir die Routine, den Moment des Eintritts und des Spiels als Grundlage für den vorgeschlagenen Zeitplan der Aktivitäten verwenden. Diese Forschung wird während der Sitzungen in der Marineide Pereira da Cunha Municipal School in der Gemeinde Mossoró - RN durchgeführt, mit Schülern mit ASD (Autismus-Spektrum-Störung) in den ersten Jahren der Grundschule als Population.

Wir haben uns auf verschiedene Autoren gestützt, wie Fonseca, Falkenbach und Surian, sowie auf die Bücher und Bibliographien, die in diesem Fachgebiet der Sonderpädagogischen Förderung verwendet werden. Im Folgenden beschreiben wir den Plan mit den gezielten Aktivitäten, die psychomotorische Fähigkeiten als Unterricht beinhalten.

KAPITEL 5

ERGEBNISSE/DISKUSSION

> **VORGESCHLAGENER FAHRPLAN FÜR DEN SPEZIELLEN PÄDAGOGISCHEN BETREUUNGSPLAN.**
>
> **A. Pflegeplan:**
>
> **1- Ziel:** Entwicklung der visuoperzeptiven psychomotorischen Fähigkeiten von Schülern mit Autismus als Ressource für das Lernen.
>
> **2- Organisation des Dienstes:**
>
> **Zeitraum:** März bis Dezember
>
> **Häufigkeit:** Zweimal pro Woche
>
> **Zeit:** Dreißig Minuten
>
> **Zusammensetzung des Dienstes:** ( ) kollektiv (x) individuell
>
> **Sonstiges: Es** kann auch kollektiv praktiziert werden.
>
> **3- Aktivitäten, die in der Schülerbetreuung durchgeführt werden:**
>
> PSYCHOMOTORISCHE TÄTIGKEITEN, DIE VISUELLE WAHRNEHMUNGSFÄHIGKEITEN ERFORDERN.
>
> 1-   Geometrisch passende Aktivität, Puzzle-Effekt;
>
> 2- Einsetzen von farbigen Kreisen, wobei jede Farbe eine Zahl von eins bis fünf darstellt (1 - gelb; 2 - grün; 3 - rot; 4 - blau *und 5* - schwarz)
>
> 3- Einfüllen von farbigen Kugeln in Gläser mit den fünf Vokalen (A - Blau; E - Schwarz; I - Grün; O - Rot; U - Weiß)
>
> 4-Griff-Schachteln in   verschiedenen Größen, von DVDs bis zu Streichholzschachteln und anderen Schachtelgrößen;
>
> 5-Handle-Bücher in verschiedenen Größen, Comics und Zeitschriften;
>
> 6 - Legen Sie   jedes Symbol in ein Kästchen, dessen Größe der des Objekts entspricht. Beispiel: Legen Sie die EVA-Vokale in ein Kästchen, die Zahlen in ein anderes und die geometrischen Figuren in ein anderes.
>
> 7-Entferne   jedes Symbol aus den Kästchen und bringe es an einer lesbaren oder verständlichen Stelle an;

8- **Magisches Quadrat** : Zeichnen Sie damit Figuren und Linien und bitten Sie die Schüler, die Zeichnungen zu wiederholen;

9 - Verwenden Sie weiße Blätter mit dunklem Hintergrund, damit die Schüler die vorgeschlagenen Zeichnungen verfolgen können;

10 - Sich in dem zugewiesenen Bereich bewegen, um die Aufgaben auszuführen.

Aktivitäten und Beobachtung der Bücher, Zeitschriften und Geschichten, die im Unterricht taktisch erkundet werden.

4 - Auswahl **der Materialien, die für die Schüler hergestellt werden sollen**: Recycelte Materialien, alternative Spielzeuge könnten als Vorschlag gemacht werden.

5-Eignung des **Materials:** Das Material muss leicht sein, ohne Gefahr, den Schüler beim Werfen zu verletzen, und es muss den Interessen des Schülers entsprechen, wobei die Lieblingsbilder und -figuren von den Schülern ausgewählt werden.

6-Auswahl **der Materialien und Ausrüstungen, die gekauft werden müssen:** Passendes Spielzeug mit geometrischen Figuren; Holzspielzeug, das an der EVA-Platte befestigt ist; EVA-Vokale; auf das Spielzeug aufgedruckte Zeichenfiguren zur Spielanregung; Zeitschriften, Comics, Bücher, Schachteln in verschiedenen Größen;

7-Arten von **Partnerschaften, die zur Verbesserung des Service und der Herstellung von Materialien erforderlich sind:** Bibliothekslehrer oder Lehrer mit handwerklichen Fähigkeiten zur Herstellung des Materials und Anleitung durch den Sportlehrer zur Organisation und Herstellung der Spielzeuge.

8-Schulfachleute, die von der ESA-Lehrkraft über die dem Schüler angebotenen Leistungen und Ressourcen beraten werden:

(x)   EAL-Klassenlehrer

(x)   Lehrer für Leibeserziehung

( ) Mitschüler

(x)   Pädagogischer Direktor

17

(x)   Pädagogisches Team ( ) Sonstiges: **4-Bewertung der Ergebnisse** 4- **Angabe der Aufzeichnungsmethoden: Je nach** Fortschritt des Schülers bei der Anpassung; Erlernen von Zahlen, Farben, Vokalen, Buchstaben, Bildern, Visualisierung und Wiedererkennung von Geschichten, Zeichnungen usw. **5- Umstrukturierung des Plans**

Quelle: Bedaque (2015, S. 50-51)

Dieser Pflegeplan basiert auf der im Rahmen dieser Untersuchung durchgeführten Studie über visuelle Wahrnehmungsaktivitäten. Der Plan lehnt sich an den von Bedaque vorgeschlagenen Plan an.

Für Getseman apud Fonseca (2015, S. 262) gibt es "die Idee, dass ein visuell-visuelles Training das Potenzial für nonverbales und verbales Lernen fördert", was uns vor Augen führte, wie sehr visuell-operzeptive Fähigkeiten das Lernen von Kindern mit Autismus begünstigen können, da die verbale Kommunikation offen ist und für SURIAN (2010, S. 13) "Autismus durch einen anhaltenden Mangel an Kommunikation gekennzeichnet ist".

Nach Frostig apud Fonseca (2015, S. 282)

> Durch den Dialog und die Interaktion zwischen visuellen, auditiven und taktil-kinästhetischen Informationen lernt das Kind die Objekte und ihre jeweiligen Strukturen kennen und artikuliert und dynamisiert den gesamten kognitiven Prozess, der wiederum die Entdeckung ihrer Attribute, Eigenschaften und Bedeutungen ermöglicht.

Wir hoffen, von der spielerischen Ausarbeitung des Spiels als einer kognitiven Konstruktion von Exekutivfunktionen lernen zu können, die das Lernen von Kindern mit Autismus durch Abruf und Erinnerung begünstigen können. Im Rahmen der hier vorgeschlagenen Aktivitäten haben wir diese kinästhetische, taktile Aktion in den Aktivitäten 1, 2 und 3 berücksichtigt und diese kinästhetische, taktile Entwicklung dem zugeschrieben, was wir visuell-motorische Koordination nennen. Auf der Grundlage dieser Aktivitäten können wir den Schüler nach "räumlichen Beziehungen" befragen:

eine Kompetenz, die aus der Fähigkeit besteht, die Position von räumlichen Daten in Objekten, Figuren, Punkten, Buchstaben oder Zahlen in Bezug zueinander und in ihrer Beziehung zum Individuum zu erkennen und zu erfassen (FONSECA, 2015, S. 285). Die Beziehung zwischen dem Schüler und seiner äußeren Umgebung ist in den hier vorgeschlagenen Aktivitäten konkret. Die wiederholte Annäherung an das, was man sieht und taktisch tut, kann den Lernprozess des Schülers unterstützen.

In den Aktivitäten 4 und 5 haben wir die Konsistenz der Formen aus dem Buch mit unterschiedlich großen Kisten untersucht. Wir beobachteten auch die Intensität der Kraft, die zum Bewegen der einzelnen Objekte erforderlich ist. Laut Fonseca (2015, S. 284) findet das Erkennen von Formen "auch bei der Erkennung von Buchstaben statt, deren einzelne Striche verwechselt werden". Die Vorlieben des Schülers bei der Erstellung des Materials zu nutzen, macht den Unterschied aus, da dieser Schüler viel öfter im Klassenzimmer und im Lehr-Lern-Prozess verbleiben wird.

In den Aktivitäten 6 und 7 werden die Kinder nicht nur in einer durch die Farben der Figuren begrenzten Umgebung sein, sondern es wird auch die räumliche Position bearbeitet, indem die Schüler den Raum organisieren, indem sie jedes Symbol, das in der Stunde bearbeitet wurde, in einen Schuhkarton legen: die Zahlen befinden sich in einem Karton, die Vokale und die geometrischen Figuren werden ebenfalls in einem Karton sein.

In den Aktivitäten 8 und 9 haben wir die Hintergrundfigur entwickelt, um den Umgang mit dem Stift zu lehren, um mit dem Schreiben zu beginnen und das Material zu verwenden, das uns im Klassenzimmer hilft.

Um die Routine abzuschließen und den Ort zu verlassen, an dem wir an den psychomotorischen Fähigkeiten arbeiten, bringen wir den Schüler an den Ort und in den Raum. Wir schauen uns noch einmal die Formen der im Unterricht verwendeten Bücher, Zeitschriften und Comics an und gehen in einen anderen Bereich des Klassenzimmers.

KAPITEL 6

ABSCHLIESSENDE ÜBERLEGUNGEN

Wir hoffen, einen Beitrag zu einer pädagogischen Praxis geleistet zu haben, die durch die Aufklärung der visuellen Wahrnehmungsfähigkeiten von Schülern mit ASD dazu beitragen kann, die Eingliederungsroutine in Regelschulen zu entwickeln und dabei folgende Faktoren zu berücksichtigen: das Interesse von Schülern mit ASD an Aktivitäten (mit Objekten); ihr affektives Verhalten während der Praxis; die Interaktion mit Objekten und die Begünstigung dieser Praxis als Anreiz für exekutive Funktionen. Wir hoffen, diese Aktivitäten in den ESA-Klassenzimmern entwickeln zu können. Da wir den Lernprozess als Produkt all dieser Faktoren betrachten, haben wir diese psychomotorischen Aktivitäten mit Blick auf die Organisation der Routine in den Klassenräumen von Regelschulen entwickelt.

Es ist uns gelungen, Aktivitäten zu entwickeln, die die Wahrnehmungsfähigkeit und die Motorik einbeziehen und somit die erwarteten Ergebnisse erzielen. Zu diesem Zweck müssen wir diese Konstruktion in die Realität umsetzen, indem wir diese Praxis in den ESA-Räumen der Schulen konsolidieren. Wir sind von der Notwendigkeit ausgegangen, die Inklusion in Regelschulen zu fördern, indem wir eine pädagogische Praxis begünstigen, die das Lernen von Schülern mit Autismus-Spektrum-Störungen entwickelt, um die schulische Inklusion zu fördern, wobei wir feststellten, dass "aus der Perspektive der inklusiven Bildung die Sonderpädagogik Teil des pädagogischen Angebots der Regelschule wird...". BRASIL (2007). Wir schlagen vor, diesen Betreuungsplan in der Schule auf der Grundlage dieser Ausarbeitung zu entwickeln.

Wir hoffen, dass die Möglichkeiten der Beobachtung durch die Fachleute, die mit dem Lernen von Schülern mit Autismus zu tun haben, erweitert werden können und somit die Konstruktion von Aktivitäten, die das Interesse an ASD wecken, entstehen kann.

Braga Júnior; Belchior; Santos (2015, S.23):

Im Allgemeinen ist die soziale Integration einer Person mit

Autismus-Spektrum-Störung kein einfacher Prozess, da es darum geht, eine Person, deren Verhalten für die meisten Menschen fremd und ungewohnt ist, in ein unvorbereitetes soziales Umfeld zu bringen.

Wir möchten, dass diese Arbeit zum schulischen Umfeld beiträgt und dass wir in der Lage sind, jeden Tag Routinen zu entwickeln, die den Aufbau des Zusammenseins, des Lernens und des Zusammenlebens für alle Schüler kontextualisieren, dass die Schule einladend ist und ein integratives Umfeld bietet, das die Vielfalt respektiert und verschiedene Denkweisen vereint. Dass Schüler mit sonderpädagogischem Förderbedarf im schulischen Umfeld leben und sich in und außerhalb der Schule auf ihre eigene Weise entwickeln können.

ANHANG I

ROUTINE FÜR AUTISTEN: MÖGLICHKEITEN DER AUSARBEITUNG DURCH BILDLICHE KOMMUNIKATIONSSYMBOLE ZUR FÖRDERUNG DER SCHULISCHEN INTEGRATION

Paula Gomes da Silva

PRÄSENTATION

Diese Arbeit wurde für die Präsentation auf dem IV SEADIS (UFERSA-Seminar über Affirmative Action, Diversity and Inclusion) verfasst und stützt sich auf die Antworten der an der Schule beteiligten Fachkräfte, die direkt für die Planung des Unterrichts mit dem Schüler verantwortlich sind, in Zusammenarbeit mit der AEE (Specialised Educational Assistance).

Auf dieser Grundlage werden wir eine Studie beginnen, die darauf abzielt, Aktivitäten zu entwickeln, die die Wissenschaft der Psychomotorik einbeziehen, so dass wir durch diese Studie eine Schulumgebung voller Möglichkeiten für Schüler mit

Autismus und andere Lernende schaffen können. Nach Bedaque (2015, S. 13): "Eine Schule für alle zu fördern, erfordert ein Verständnis von einer Schule, die Unterschiede in allen Momenten der Interaktion und der pädagogischen Praxis beachtet, anerkennt und wertschätzt. "Wir stellen uns eine Regelschule vor, die Fachkräfte willkommen heißt und ihnen eine kontinuierliche Weiterbildung bietet, die bereit sind, ihr Wissen für den Aufbau einer inklusiven Schule einzusetzen.

In diesem Beitrag werden wir die Entwicklung eines Forschungsprojekts und einer Methodik skizzieren und beschreiben, die auf Aktionsforschung und Interviews basiert. Wir werden die MAS (Mediated Learning Scale) transkribieren und methodisch die Pictorial Communication Symbols (PECS) als eine vorgeschlagene Aktivität verwenden. Wir haben die bibliographische Übersicht und die MAS benutzt, um diese erweiterte Zusammenfassung abzugrenzen, und wir haben auch Artikel benutzt, um uns theoretisch zu stützen und die vorgeschlagenen Aktivitäten zu konstruieren. Wir hoffen, dass diese Arbeit die Ausübung einer weiteren Methode ermöglicht, die im schulischen Umfeld in Zusammenarbeit mit dem pädagogischen Team und dem ESA-Raum entwickelt werden kann.

1. Einführung

In dieser Studie wurde eine Routine entwickelt, um einem autistischen neunjährigen Schüler, der in der vierten Klasse der Grundschule einer Schule im Nordosten Brasiliens eingeschrieben ist, das Lernen zu ermöglichen. Die operationalisierte Version der Skala zur Bewertung der vermittelten Lernerfahrung (EAM) (CUNHA, 2004; CUNHA; ENUMO; CANAL, 2006), um die Rezeption der pädagogischen Praktiken des Lehrers, des Mittelstufenlehrers und des Schülers zu beobachten, denken wir, dass aus dieser Arbeit ein Artikel über pädagogische Praktiken, Psychomotorik und Autismus folgen wird. "Autismus-Spektrum-Störungen (ASD) werden in Brasilien immer häufiger und immer früher diagnostiziert" (MELLO, 2013, S. 37). Diese Tatsache veranlasst uns, zu beobachten, zu forschen und unser Wissen über pädagogische Praktiken zu vertiefen, die die Integration dieser Schüler in der Schule ermöglichen. Nach SURIAN (2010, S. 10): "Autismus ist eine neuropsychologische Entwicklungsstörung, die sich durch ausgeprägte und anhaltende Schwierigkeiten in der sozialen Interaktion, der Kommunikation und im Repertoire der Interessen und Aktivitäten äußert", haben wir unter Berücksichtigung dieser Charakteristika des Autismus einen Weg gefunden, wie der Lernprozess in der Schule aus einer Routine heraus entwickelt werden kann, die auf den möglichen Interessen der Kinder basiert und so die soziale Interaktion der Schüler mit Hilfe von bildhaften Kommunikationssymbolen (PCS) als Hilfsmittel für diesen Aufbau fördert.

Im Rahmen des Prozesses der schulischen Inklusion müssen die Schüler in der Schule verbleiben und funktional an ihr teilnehmen, dafür ist ein neuer Blick erforderlich, eine neue Lern- und Lehrmethode, die mit der unterschiedlichen Schulklientel korreliert, "die Sonderpädagogik richtet ihre Maßnahmen darauf aus, den Besonderheiten dieser Schüler im Bildungsprozess und im Rahmen einer breiteren Leistung in der Schule gerecht zu werden..." BRASIL (2008), in diesem inklusiven Kontext, berichtet in der nationalen Politik der Sonderpädagogik aus der Perspektive der inklusiven Bildung, sollte die Ausarbeitung der Routine in der Analyse dieser Arbeit es diesem Schüler ermöglichen, sich in das Schulszenario einzuleben und die Routinetätigkeit mit seinen sonderpädagogischen Bedürfnissen zu integrieren, indem er zusammen mit dem Klassenlehrer und dem Mittelstufenlehrer darüber nachdenkt, wie er diese Konvivialität im Lehr- und Lernprozess ausgehend von einer Bewertungsskala am besten entwickeln kann.

2. Methodik

Die Methodik umfasste die Anwendung eines Fragebogens mit dem Lehrer der Mittelstufe und dem Klassenlehrer für die Entwicklung und Ausarbeitung der Routine, die mit der operationalisierten Version der Bewertungsskala für vermittelte Lernerfahrungen (EAM) (CUNHA, 2004; CUNHA; ENUMO; CANAL, 2006) analysiert wurde, und die Verwendung von bildlichen Kommunikationssymbolen bei der Konstruktion und Entwicklung der Routine.

Der Fragebogen enthielt fünf Fragen zu ASD: Fragen zu den Interessen des Schülers, Fragen zur Weiterbildung mit Lehrern und zur unterstützenden Technologie. Es wurde eine Analyse mit dem Klassenlehrer und dem Lehrer der Mittelstufe über den Schüler durchgeführt, wobei ihre Vermittlung mit dem Schüler berücksichtigt wurde. Die Ergebnisse sind in Abbildung 1 in einem Diagramm nach der Bewertungsskala für vermittelte Lernerfahrungen dargestellt. "MLE ist das Hauptkonzept der Theorie der vermittelten Lernerfahrung." (CUNHA; ENUMO und CANAL, 2006). Mit Hilfe des Fragebogens versuchten wir, den Grad der kontingenten Ansprechbarkeit, der affektiven Beteiligung und der durch diesen Vermittlungsprozess hervorgerufenen Veränderung auf einer Skala von 1 bis 3 zu analysieren. Wir gingen davon aus, dass je mehr der Schüler bekannt ist, desto mehr Zuneigung und Beobachtung des Kindes vorhanden ist, was die zufriedenstellende Entwicklung der Routine sowie deren Ausarbeitung begünstigt.

Wir haben eine Routine entwickelt, in der wir die Einführung des Schülers in die Schule und seine Interaktion mit anderen Kollegen im Klassenzimmer und außerhalb des Klassenzimmers berücksichtigt haben. Die Symbole der Piktografischen Kommunikation sind Teil der Routine, und wir verwenden auch die Sprache des Lehrers der Mittelstufe zusammen mit den Symbolen in Abbildung 2, um die Interaktion des Schülers mit Kollegen und Fachleuten, die am Bildungsprozess beteiligt sind, zu begünstigen, sowie ihn auf die Toilette zu schicken und ihn in die Aktivitäten im Klassenzimmer, bei der Jause und in den Pausen zu integrieren. "[...] Assistive Technologie bezieht sich auf adaptive Geräte für Menschen mit Behinderungen mit dem Ziel, eine größere Unabhängigkeit zu fördern, um Aufgaben auszuführen, die sie zuvor nicht ausführen konnten [...]" (GONÇALVES; FURTADO, 2015, S. 47), unter den Kategorien der assistiven Technologie existiert die alternative Kommunikation, um Schülern mit besonderen pädagogischen Bedürfnissen eine Ressource zur Verfügung zu stellen, die die Kommunikation fördert, die in Form von

Software, PCS und anderen Kategorien gebaut oder erworben werden kann.

3. Ergebnisse

Die Ergebnisse wurden wie folgt ausgearbeitet: Wir haben einen Fragebogen ausgefüllt und anhand von fünf Fragen zu ASD, Fragen zu den Interessen des Schülers an Aktivitäten, Fragen zur Weiterbildung mit den Lehrern und zu unterstützenden Technologien die Antworten und den Grad der Vermittlung zwischen Lehrern und Schülern anhand der Skala für vermittelte Lernerfahrungen (MLE) analysiert, mit dem Ziel, die Routine auf der Grundlage der Antworten der Lehrer und ihrer Interaktion mit dem Kind besser zu gestalten.

Die Skala war von größter Bedeutung, da sie es uns ermöglichte, das Verhalten und die Sprache des Kindes zu beobachten, so dass wir andere Methoden als bildliche Kommunikationssymbole (PC'S) untersuchen konnten, die den Lehr- und Lernprozess für autistische Kinder ermöglichen.

Als Nächstes werden wir uns die unterstützende Technologie der Bildkommunikationssymbole als eine Methode ansehen, die das tägliche Leben begünstigt, und wir werden die zu befolgende Routine umschreiben. Denken Sie daran, dass diese Planung und der kurz beschriebene Bericht mit einem bestimmten Schüler des städtischen Schulsystems durchgeführt wurden.

4. Zahlen und Tabellen

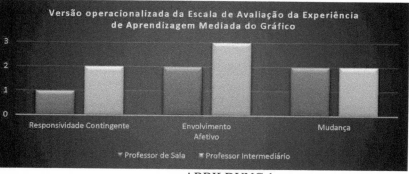

ABBILDUNG 1

Referenz: CUNHA; ENUMO; CANAL, 2006

In ABBILDUNG 1 - haben wir festgestellt, dass der Zwischenlehrer in der Lage war, eine viel bessere psychosoziale Beziehung zu seinem Schüler zu entwickeln als der Klassenlehrer, so dass wir seine Antworten auf der Grundlage des Fragebogens als viel besser ansahen als die des Klassenlehrers, und wir hatten Erfolg bei dem Schüler. Was die Veränderungen betrifft, so begann der Klassenlehrer mit der Anwendung des Fragebogens, seine Praktiken zu überdenken und seinen Blick auf den Schüler zu richten, um zu forschen und mit dem ESA-Lehrer und dem Zwischenlehrer zu interagieren, was eine ähnliche Veränderung beim Schüler als Lernvermittler bewirkte.

ABBILDUNG 2

In ABBILDUNG 2 - Enthält die Symbole, aus denen die Routine erstellt wurde, folgt die Schritt-für-Schritt-Routine:

Schritt 1: Wir verwenden alle Symbole 1; 2; 3; 4; 5, so dass der Lehrer der Mittelstufe, sobald er im Klassenzimmer ankommt, mit dem Schüler über den Tagesablauf sprechen kann, indem er ihm die Symbole zeigt;

Schritt 2: Während der Stunde bleibt die Lehrkraft bei Symbol 3 und veranschaulicht die Lektüre und die im Unterricht entwickelten Aktivitäten;

Schritt 3: Im Laufe des Tages verwendet der Lehrer der Mittelstufe das 2-Symbol, um den Schüler zu ermutigen, mit seinen Kollegen und anderen Mitarbeitern in Kontakt zu treten.

Schritt 4: Wenn das Kind auf die Toilette muss, verwenden Sie das Symbol 1, um ihm zu helfen, den Ort zu erkennen, an dem es gehen muss;

Schritt 5: Während der Jausenzeit zeigt die Lehrkraft das Symbol 5;

Schritt 6: In der Pause oder im Sportunterricht wird dem Schüler das Symbol 4 gezeigt, das sich auf das Spielen mit Gegenständen bezieht.

4. Schlussfolgerung

Wenn man die Routine als die Synchronität des Schulprojekts betrachtet, kam diese Ausarbeitung zustande, damit die Vermittlung zwischen Lehrern und autistischen Schülern effektiv sein konnte. Wir haben festgestellt, dass der Fragebogen uns sehr geholfen hat, dieses Bewusstsein für eine integrative Schule zu schaffen, nicht nur mit Schülern mit sonderpädagogischem Förderbedarf, sondern er diente auch dazu, die Aktivitäten des Klassenlehrers neu zu programmieren, "Wenn wir über schulische Inklusion sprechen, kommt uns die Idee in den Sinn, ein Kind mit Autismus-Spektrum-Störung einfach in eine Regelschule zu stecken und zu erwarten, dass es anfängt, die anderen Kinder zu imitieren [....]" (BRAGA JUNIOR; BELCHIOR e SANTOS, 2015, S. 23). Zu diesem Zweck ermöglicht der Routinevorschlag als analysierte und generierte Antwort auf die Entwicklung autistischer Schüler, die Unterschiede zu respektieren und leitet uns an, wie wir vorgehen sollten, um die Fähigkeiten des Schülers zu verbessern.

Wir hoffen, unser Ziel erreicht zu haben, indem wir eine Routine geschaffen haben, die Teil des schulischen Umfelds ist und den Lehr-Lern-Prozess von Schülern mit sonderpädagogischem Förderbedarf begünstigt, indem wir den Akteuren in diesem Prozess (Mittelstufenlehrer und Klassenlehrer) die Instrumente an die Hand geben, um die Entwicklung dieser Schüler besser zu verstehen und zu bewerten.

6. Schlüsselwörter: Routine; Autismus; Unterstützende Technologie

ANHANG II
SCHULSPORT, VIELFALT UND INTEGRATION:
PERSPEKTIVEN FÜR DEN UNTERRICHT MIT AUTISTISCHEN
MENSCHEN

Paula Gomes da Silva

ZUSAMMENFASSUNG

Dieser Artikel berichtet über die Erfahrungen im Freizeitunterricht mit einem autistischen Schüler, einem B-Schüler der 2. Klasse der Grundschule, in einer Schule im Nordosten Brasiliens. Er wurde mit Blick auf einige Perspektiven der Interaktion und des schulischen Zusammenlebens auf der Grundlage einer inklusiven Methodik durchgeführt, die es ermöglicht, die Diversitäten und Unterschiede zu respektieren, die im Diskurs einer gemeinsamen und inklusiven Schule zum Tragen kommen. Durch den Bericht über die Erfahrungen im Unterricht mit einem autistischen Schüler in einer Regelschule, basierend auf einem konstruktivistischen Ansatz, der vom Sportlehrer aus einer Perspektive der Interaktion, der Inklusion und des Spiels vermittelt wurde, ermöglicht dieser Artikel in der methodischen Beschreibung eine Reflexion über den Respekt und die Stimulation des Körpers im Rahmen der Erwartungen einer Schule für alle.

Schlüsselwörter: Inklusion; Lektionen und Spiele.

1- EINFÜHRUNG

Mit dem Gedanken an eine Schule für alle, die die Inklusion von Kindern mit Autismus im Rahmen des Respekts vor der Vielfalt und den Unterschieden ermöglicht, haben wir einen Sportunterricht konzipiert, der in den Schülern spielerisch die Inklusion aller in der zweiten Klasse B dieser Schule wecken soll.

Die Lektionen basierten auf Themen, die von den Schülern generiert wurden, und wurden mit einem konstruktivistischen Ansatz entwickelt, der vom Sportlehrer vermittelt wurde, mit cirandas de roda als Teil des Inhalts, um Inklusion durch Spiel zu ermöglichen, so dass alle Schüler interagieren konnten.

Wir dachten an eine inklusive Schule, in der "die Inklusion mit dem Paradigma bricht, das den Konservatismus der Schulen aufrechterhält und die Bildungssysteme in ihren Grundlagen in Frage stellt". Ropoli (2010, S.7), beschlossen wir, die Körperlichkeit zu nutzen, um diese Praxis aus der Perspektive der Inklusion zu ermöglichen.

2- Rechtfertigung

Angesichts der Notwendigkeit, dass Lehrer an dieser Schule über Inklusion als Quelle für Forschung und Schülerentwicklung nachdenken, wurde diese Arbeit mit dem Ziel verfasst, über den Unterricht zu berichten, der darauf ausgerichtet ist, die Interaktion zwischen den Kindern anzupassen und zu fördern und dabei die Vielfalt jedes einzelnen zu respektieren und zu beobachten. Der Sportlehrer wurde mit der Planung von Freizeit- und Integrationsunterricht beauftragt.

Körperliche Praktiken zur Interaktion sind äußerst wichtig, denn "körperliche Unzulänglichkeiten verändern nicht nur die Beziehung des Menschen zur Welt, sondern sind auch sehr wichtig".

Welt manifestieren sich in einem differenzierten Verhalten im Umgang mit Menschen" Falkenbach (2010). Die Körperlichkeit der Schüler wurde bei der Suche nach affektiver Entwicklung und Interaktion zwischen allen Beteiligten beobachtet und gefördert. Das Spielen begünstigte körperliche Aktivitäten und Körpererfahrungen, basierend auf den spielerischen Eigenschaften, die das Tun der Kinder anregen. Nach Freire (1997, S. 85): "Unter den pädagogischen Ressourcen, die die Leibeserziehung in ihrer Aufgabe des Unterrichtens verwendet, gibt es eine besondere, nämlich die körperlichen Aktivitäten, die aus der Kultur des Kindes stammen". Diese Beobachtung ist für diese Arbeit von Bedeutung, da wir glauben, dass wir auf der Grundlage des Interesses des Kindes an Körperlichkeit Kreisspiele entwickelt haben und sie hier in diesem Bericht beschreiben.

Fonseca (1999, S. 39) fasst den Sportunterricht, der das Denken der Kinder durch die Interaktion "zwischen der Ebene der motorischen Operationen und der Ebene der mentalen Repräsentationen" anregt, gut zusammen, indem er den Unterricht unter einem Blickwinkel kodifiziert, der sich auf die Bewegung, die Körperlichkeit, als kognitiven Stimulator konzentriert und es durch geplante Aktivitäten ermöglicht, Körper und Geist im Unterricht nicht zu trennen, wodurch der Körper zu einem Instrument mit großem Einfluss auf den Wissenserwerb in der Kindheit und die Eingliederung in die Schule wird.

3- PROBLEM

Gestaltung des Unterrichts mit Schülern mit Autismus aus einer integrativen Perspektive, um die Interaktion, das Wissen über den Körper und das Spiel zu fördern. Auf der Suche nach Beziehungen, die nach Oliveira (2006) durch Körperlichkeit realisiert werden, die nur aus einer Perspektive der Ganzheitlichkeit verstanden werden kann. Diese Klassen wurden durch Aktivitäten entwickelt, die Zirandas einschlossen und es ermöglichten, den Körper durch das Spiel und die Interaktion mit anderen zu erkennen, wobei dieser Körper als ein Ganzes gesehen und verstanden wurde, das aus allen Schülern besteht.

4- THEORETISCHER HINTERGRUND

Mit Interaktionsaktivitäten, Wissen über den Körper und singendem Spielzeug im konstruktivistischen Unterricht als Rahmen haben wir einige Bücher als Grundlage verwendet, um die Vielfalt und Unterschiede jedes Schülers zu respektieren und die Inklusion zu fördern. Honora (2003) erklärt die Vielfalt von Behinderungen unter dem Gesichtspunkt der Inklusion: "Wir müssen uns vor Augen halten, dass kein Mensch dem anderen gleicht. Das Gleiche gilt für Menschen mit Behinderungen, keiner gleicht dem anderen, und wir müssen daran denken, dass die individuellen Besonderheiten berücksichtigt werden müssen". In diesem Sinne wurde eine Studie über Autismus durchgeführt, der sich laut Surian (2014) "grundlegend manifestiert und den Mangel an altersgemäßer sozialer Interaktion betrifft". Bei aller Beobachtung der von der

Schülerin ausgestrahlten Verhaltenszeichen und dem Nachdenken über die von ihr generierten Themen wurde der Unterricht nach einem konstruktivistischen Ansatz entwickelt, der für Darido (2000) die "Konstruktion von Wissen" zum Ziel hat. Diese Konstruktion wurde von der Lehrerin vermittelt und von allen Schülerinnen und Schülern im zweiten Grundschuljahr erlebt. All diese Ideen ermöglichten es, über Inklusion im Sportunterricht nachzudenken, denn, so Silva und Costa (2015): "Wenn wir uns gegen eine Schule wenden, die ausgrenzt, müssen wir auch über eine Schulstruktur nachdenken, die keine Ausgrenzung zulässt". So wurden die Klassen unter Beteiligung aller konsolidiert, um die Rolle einer integrativen Gemeinschaftsschule zu erfüllen. Dieser Diskurs schließt die künftige Arbeit nicht ab und endet auch nicht hier, sondern fördert lediglich neue Perspektiven im Sportunterricht für die Inklusion von Autisten.

5- METHODIK

Der Unterricht findet an zwei Tagen in der Woche statt, jede Einheit dauert fünfzig Minuten und wird vom Sportlehrer erteilt. Die Schüler des 2. Jahrgangs nehmen als Ganzes teil, und der Schüler ist Teil dieser Gruppe. Der Unterricht wird von der Lehrkraft mit einem konstruktivistischen Ansatz vermittelt und ist inhaltlich mit populären Spielen, Ciranda de Roda und den verschiedensten Variationen von Singspielzeug gefüllt. Der Unterricht basiert auf der Beobachtung des autistischen Schülers.

Wir haben die kognitive Entwicklung des Kindes als Parameter für die Schuljahre herangezogen, wobei wir davon ausgingen, dass es innerhalb der von der Schule vorgeschlagenen Altersspanne unterrichtet werden würde. Es ist zu betonen, dass dieses Alter nicht stereotyp ist und dass es ältere oder jüngere Kinder in der Klasse geben kann. Wir haben auch festgestellt, dass der Schüler aufgrund der globalen Entwicklungsstörung, die für jedes autistische Individuum charakteristisch ist,

31

sonderpädagogische Bedürfnisse hat, aber durch die methodischen Vorschläge sind die Lehr-Lern-Situationen an die ungünstigen Bedingungen im Klassenzimmer anpassbar - es geht darum, den sozialen, kulturellen und wirtschaftlichen Kontext zu beobachten, den die Schüler erleben, und dass während der Entwicklung des Inhalts ihre Mitbeteiligung für eine bessere Konsolidierung des Wissens erforderlich ist.

6- ENTWICKLUNG MIT DEN ERGEBNISSEN

Die Pläne werden unter Berücksichtigung der von den Schülern erarbeiteten Themen und unter dem Gesichtspunkt der Integration erstellt. Die Spiele werden mit dem Inhalt populärer Spiele, Cirandas de Roda, programmiert und problematisiert, Aktivitäten, die die Interaktion jeder Person fördern. Das Wissen über den Körper, die individuelle und kollektive Beobachtung des Raums, den jede Person einnimmt, die Intensität der Berührung des anderen, das Händeschütteln, machen diesen Körper bekannt, der sich in Zeit, Raum und Koexistenz mit dem anderen befindet und Interaktion, Respekt und Zuneigung ermöglicht.

Nach Oliveira (2006): "Körperliche Praktiken sind schwer greifbar, schwer zu erfassen und zu begreifen, unmöglich auf eine andere diskursive Form zu reduzieren als die Praktiken selbst in ihrem Moment der Verwirklichung", und mit dieser Erfassung der Körperlichkeit im Hinterkopf haben wir diesen Bericht beschrieben. Über die kreative Entwicklung nachzudenken und gemeinsam mit der Schülerin, ausgehend von ihren Motivationen, die körperliche Praxis aller Schüler der Schule zu entwickeln.

7- SCHLUSSFOLGERUNG

Am Ende der Unterrichtszeit stellten wir fest, dass die Schüler die Aktivitäten intensiv erlebt hatten und dass die Interaktion, das Wissen über den Körper und die durch die ciranda de roda erzeugten Problemstellungen es ihnen ermöglichten, Vielfalt und Unterschiede zu respektieren und zu verstehen, dass Koexistenz durch Spiel möglich ist, was die Perspektiven der Inklusion erweitert. Diese Arbeit hat nur den Anfang geschaffen, einen Ausgangspunkt aus der Sicht der verschiedenen Perspektiven, die in Klassen mit autistischen Kindern existieren. Der Blick auf die Kreativität, die Studien und die Lehrkräfte der Schule, um Möglichkeiten für den Unterricht zu finden, ist Teil des Konzepts für eine inklusive Schule. Wir haben viel zu tun, um unseren Schülern eine Schule für alle zu bieten.

ANHANG III

MINISTERIUM FÜR BILDUNG NATIONALER BILDUNGSRAT KAMMER FÜR GRUNDBILDUNG BESCHLUSS NR. 4 VOM 2. OKTOBER 2009 (*)

> Erstellt operationelle Leitlinien für sonderpädagogische Förderung in der Grundbildung, Modalität Sonderpädagogik.

Der Präsident der Grundbildungskammer des Nationalen Bildungsrates, in Ausübung seiner gesetzlichen Befugnisse, in Übereinstimmung mit den

Bestimmungen von Artikel 9(c) des Gesetzes Nr. 4.024/1961, geändert durch das Gesetz Nr. 9.131/1995, sowie Artikel 90, Absatz 1 von Artikel 8 und Absatz 1 von Artikel 9 des Gesetzes Nr. 9.394/1996, unter Berücksichtigung der Bundesverfassung von 1988; Gesetz Nr. 10.098/2000; Gesetz Nr. 10.436/2002; Gesetz Nr. 11.494/2007; Dekret Nr. 3.956/2001; Dekret Nr. 5.296/2004; Dekret Nr. 5.626/2005; Dekret Nr. 6.253/2007; Dekret Nr. 6.571/2008; und Gesetzesdekret Nr. 186/2008, und auf der Grundlage der CNE/CEB-Stellungnahme Nr. 13/2009, genehmigt durch den Erlass des Staatsministers für Bildung, veröffentlicht im Amtsblatt vom 24. September 2009, beschließt:

Art. 1 Zur Umsetzung des Dekrets Nr. 6.571/2008 müssen die Bildungssysteme Schüler mit Behinderungen, globalen Entwicklungsstörungen und Hochbegabung in den regulären Unterricht und in die sonderpädagogische Förderung (AEE) aufnehmen, die in multifunktionalen Förderräumen oder in Zentren für sonderpädagogische Förderung im öffentlichen Netz oder in gemeinnützigen, konfessionellen oder philanthropischen Einrichtungen angeboten wird.

Art. 2 Die Aufgabe der AEE besteht darin, die Ausbildung der Schüler zu ergänzen oder zu vervollständigen, indem sie Dienstleistungen, Zugangsressourcen und Strategien bereitstellt, die Hindernisse für ihre volle Teilnahme an der Gesellschaft und die Entwicklung ihres Lernens beseitigen.

Einziger Absatz. Für die Zwecke dieser Leitlinien gelten als Ressourcen für die Barrierefreiheit im Bildungswesen diejenigen, die den Zugang zum Lehrplan für Studierende mit Behinderungen oder eingeschränkter Mobilität gewährleisten, indem sie die Nutzung von Lehr- und Lernmaterialien, Räumen, Möbeln und Geräten, Kommunikations- und Informationssystemen, Verkehrsmitteln und anderen Dienstleistungen fördern.

Art. 3 Die Sonderpädagogik findet auf allen Ebenen, Stufen und Modalitäten der Bildung statt, wobei die Sonderpädagogik integraler Bestandteil des Bildungsprozesses ist.

Art. 4 Für die Zwecke dieser Leitlinien gilt der EWR als Zielpublikum:

I - Schüler mit Behinderungen: Schüler mit langfristigen körperlichen, geistigen, seelischen oder sensorischen Beeinträchtigungen.

II - Schüler mit globalen Entwicklungsstörungen: Schüler, die Veränderungen in der neuropsychomotorischen Entwicklung, Beeinträchtigungen der sozialen Beziehungen, der Kommunikation oder motorische Stereotypien aufweisen. Diese Definition umfasst Schüler mit klassischem Autismus, Asperger-Syndrom, Rett-Syndrom, desintegrativer Störung in der Kindheit (Psychosen) und invasiven Störungen ohne weitere Spezifikation.

III - Hochbegabte Schüler: Schüler, die ein hohes Potenzial und großes Engagement in den Bereichen des menschlichen Wissens aufweisen, einzeln oder in Kombination: intellektuell, Führung, Psychomotorik, Kunst und Kreativität.

(*) Beschluss CNE/CEB 4/2009. Bundesanzeiger, Brasília, 5. Oktober 2009, Abschnitt 1, S. 17.

Art. 5 Die AEE wird vorrangig im Multifunktionsraum der Schule selbst oder in einer anderen Regelschule in der umgekehrten Reihenfolge des Unterrichts durchgeführt und ist kein Ersatz für den normalen Unterricht; sie kann auch in einem sonderpädagogischen Betreuungszentrum des öffentlichen Netzes oder von gemeinnützigen kommunalen, konfessionellen oder philanthropischen Einrichtungen im Einvernehmen mit dem Bildungsministerium oder einer entsprechenden Einrichtung der Staaten, des Bundesbezirks oder der Gemeinden durchgeführt werden.

Art. 6 Im Falle einer sonderpädagogischen Förderung im Krankenhaus oder im häuslichen Umfeld wird den Schülern eine ergänzende oder zusätzliche sonderpädagogische Förderung durch das jeweilige Bildungssystem angeboten.

Art. 7 Für hochbegabte Schüler werden im Rahmen der öffentlichen Regelschulen in Zusammenarbeit mit Aktivitätszentren für Hochbegabte und mit Hochschulen und Instituten zur Entwicklung und Förderung von Forschung, Kunst und Sport Aktivitäten zur Bereicherung des Lehrplans entwickelt.

Art. 8 Schülerinnen und Schüler, die an einer normalen öffentlichen Schule eingeschrieben sind und gleichzeitig die AEE besuchen, werden gemäß Dekret 6.571/2008 im Rahmen von FUNDEB doppelt gezählt.

Einziger Absatz. Die Finanzierung der ESA-Einschulung hängt von der Einschulung in eine reguläre öffentliche Schule ab, wie sie in der Schulzählung/MEC/INEP für das vorangegangene Jahr erfasst wurde:

a) Einschulung in einem normalen Klassenzimmer und einem multifunktionalen Förderraum derselben öffentlichen Schule;

b) Einschulung in einem regulären Klassenraum und in einem multifunktionalen Förderraum einer anderen öffentlichen Schule;

c) Einschulung in eine Regelklasse und in ein sonderpädagogisches Förderzentrum an einer öffentlichen Sonderschule;

d) Einschulung in eine normale Klasse und in ein sonderpädagogisches Förderzentrum in gemeinnützigen, konfessionellen oder philanthropischen Einrichtungen für Sonderpädagogik.

Art. 9 Die Ausarbeitung und Umsetzung des ESA-Plans obliegt den Lehrkräften, die im multifunktionalen Förderraum oder in den ESA-Zentren arbeiten, in Zusammenarbeit mit den anderen Lehrkräften des Regelschulwesens, unter Beteiligung der Familien und an der Schnittstelle zu den anderen für den Dienst erforderlichen sektoralen Diensten wie Gesundheit, Sozialhilfe usw.

Art. 10: Das pädagogische Projekt der Regelschule muss das Angebot des vorzeitigen Schulabgangs institutionalisieren, auch in seiner Organisation:

I - Multifunktionaler Ressourcenraum: Raum, Mobiliar, Lehrmaterial, pädagogische und barrierefreie Ressourcen und spezifische Ausrüstung;

II - die Einschreibung von Schülern im EWR, die an der Schule selbst oder an einer anderen Schule für den regulären Unterricht eingeschrieben sind;

III - Zeitplan für die Anwesenheit der Schüler;

IV - ESA-Plan: Ermittlung der spezifischen Bildungsbedürfnisse der Schüler

Festlegung der erforderlichen Ressourcen und der zu entwickelnden Aktivitäten;

V   - Lehrkräfte für den Unterricht in der EUA;

VI - andere pädagogische Fachkräfte: Übersetzer und Dolmetscher der brasilianischen Gebärdensprache, Dolmetscher-Guides und andere, die Unterstützung leisten, insbesondere bei der Ernährung, Hygiene und Mobilität;

VII - Unterstützungsnetze im Rahmen der beruflichen Tätigkeit, der Ausbildung, der Forschungsentwicklung, des Zugangs zu Ressourcen, Dienstleistungen und Ausrüstungen u. a., die die ESA optimieren.

Einziger Absatz. Die in Punkt VI genannten Fachkräfte arbeiten mit den Schülern, die die Zielgruppe der sonderpädagogischen Förderung sind, in allen schulischen Bereichen, in denen sie gebraucht werden.

Art. 11: Der Vorschlag für die ESA, der im pädagogischen Projekt der öffentlichen oder privaten gemeinnützigen Einrichtung für Sonderpädagogik, die eine entsprechende Vereinbarung unterzeichnet hat, enthalten ist, muss vom jeweiligen Bildungsministerium oder einer gleichwertigen Einrichtung unter Berücksichtigung der in Artikel 10 dieser Entschließung beschriebenen Organisation genehmigt werden. Einziger Absatz. Die Zentren für sonderpädagogische Förderung müssen die gesetzlichen Anforderungen erfüllen, die vom Bildungsrat des jeweiligen Bildungssystems in Bezug auf ihre Zulassung, Betriebsgenehmigung und Organisation festgelegt wurden, und zwar in Übereinstimmung mit den in den vorliegenden Leitlinien dargelegten Richtlinien.

Art. 12: Um in der AEE arbeiten zu können, müssen die Lehrkräfte eine Grundausbildung haben, die sie zum Unterrichten befähigt, sowie eine spezielle Ausbildung für die Sonderpädagogik.

Art. 13: Die Aufgaben der Lehrkraft für sonderpädagogische Förderung sind:

I - Identifizierung, Gestaltung, Produktion und Organisation von Dienstleistungen, pädagogischen Ressourcen, Zugänglichkeit und Strategien, die den besonderen Bedürfnissen der Schüler, die unter die Sonderpädagogik fallen, Rechnung tragen;

II - Erstellung und Umsetzung eines Plans zur sonderpädagogischen Betreuung, Bewertung der Funktionalität und Anwendbarkeit von Lehr- und Zugänglichkeitsmitteln;

III - Organisation der Art und Anzahl der Dienstleistungen, die den Schülern im multifunktionalen Ressourcenraum angeboten werden;

IV - die Funktionalität und Anwendbarkeit von pädagogischen und barrierefreien Ressourcen im regulären Unterricht sowie in anderen schulischen Umgebungen zu überwachen;

V - Aufbau von Partnerschaften mit sektorübergreifenden Bereichen zur Ausarbeitung von Strategien und zur Bereitstellung von Ressourcen für die Zugänglichkeit;

VI - Beratung von Lehrern und Familien in Bezug auf die pädagogischen Mittel und die Zugänglichkeit, die der Schüler nutzt;

VII - Unterricht und Einsatz von Hilfsmitteln, um die funktionalen Fähigkeiten der Schüler zu verbessern und ihre Autonomie und Teilhabe zu fördern;

VIII - mit den Lehrern im normalen Unterricht zusammenarbeiten, um Dienstleistungen, pädagogische und barrierefreie Ressourcen und Strategien anzubieten, die die Teilnahme der Schüler an schulischen Aktivitäten fördern.

IX t. 14 Diese Entschließung tritt am Tag ihrer Veröffentlichung in Kraft und hebt alle gegenteiligen Bestimmungen auf.

CESAR CALLEGARI

BIBLIOGRAPHISCHE REFERENZEN

BEDAQUE, S. A. **Spezialisierte pädagogische Unterstützung**. Mossoró: EDUFERSA, 2015. 68p.

BRASILIEN: Ministerium für Bildung. Sekretariat für Sonderpädagogik. **Nationale Politik für die Sonderpädagogik unter dem Gesichtspunkt der integrativen Bildung.** Brasília: MEC, 2008a. Verfügbar unter: <http://peei.mec.gov.br/arquivos/politica_nacional_educacao_especial.pdf>. Abgerufen am 12. Mai 2017.

_____. Nationaler Bildungsrat. Kammer für Grundbildung. **Entschließung Nr. 4,** vom 2. September 2009.

. Gesetz Nr. 9394 vom 20. Dezember 1996. **LDBEN.** Legt die Richtlinien und Grundlagen des nationalen Bildungswesens fest. Bundesgesetzblatt. Brasília, Nr. 248, 1996.

. Gesetz Nr. 12.764, vom 27. Dezember 2012. Legt die nationale Politik zum Schutz der Rechte von Menschen mit Autismus-Spektrum-Störungen fest. Federal Official Gazette. Brasília, DF, 28. Dez. 2012.

_____. Ministerium für Bildung. Sekretariat für Sonderpädagogik. **Nationale Politik für Sonderpädagogik aus der Perspektive der inklusiven Bildung,** 2008.

BRAGA JÚNIOR, F. V.; BELCHIOR, M. S.; SANTOS, S. T. **Global Development Disorders and High Abilities/Gifted.** Mossoró: EDUFERSA, 2015. 47p.

CHICON, José Francisco. **Spielpädagogische Mediation und Inklusion.** São Paulo: Fontoura, 2010.

CUNHA, A. C. B; ENUMO, S. R. F.; CANAL, C. P. P. **Operationalisierung einer Skala zur Analyse der mütterlichen Vermittlungsmuster: eine Studie mit sehbehinderten Mutter-Kind-Dyaden.** Revista Brasileira de Educação Especial, Marilia, v.12, n.3, S.393-412, 2006.

CUNHA, Ana C. B.; FARIAS, Iara M.; MARANHÃO, Renata V. A. **Teacher-student interaction with autism in the context of inclusive education: analysis of the teacher's mediation pattern based on the** mediated learning experience **theory**. Rev. Bras. Ed. Esp., Marília-SP, v.14, n.3, S.365-384, Sep./Dez. 2008.

DARIDO, Suraya. **Sportunterricht in der Schule: Fragen und Überlegungen.** Guanabara, 2000.

FALKENBACH, A. P.; DIESEL, D.; OLIVEIRA, L. C. The play of autistic children in relational psychomotricity sessions. In: **Rev. Brasileira de ciências do esporte.** Campinas, v.31, p. 203-214. Jan. 2010.

FONSECA, Denise Grosso. *Sportunterricht: in die Bewegung hinein und darüber hinaus.* Porto Alegre: Mediação, 1999.

FONSECA, V. **Psychomotorische Entwicklung und Lernen.** Porto Alegre: Artmed, 2008. 577 p.

FREIRE, P. **Pedagogia da autonomia: saberes necessárias à prática educativa.** São Paulo

Paulo: Paz e Terra, 1996, 141 S.

FREIRE, João Batista. **Ganzkörpererziehung: Theorie und Praxis des Sportunterrichts.** São Paulo: Scipione, 1997.

GONÇAVES, M. J.; FURTADO, U. M. **Distance Education and Assistive Technology.** Mossoró: EDUFERSA, 2015. 72p.

HONORA, Márcia; FRIZANCO, Mary Lopes Esteves. **Ciranda da Inclusão:**

Klärung von Behinderungen. São Paulo: Ciranda Cultural

KLEIN, Rejane Ramos; HATTGE, Morgana Domênica (eds.). **School Inclusion: Implications for the curriculum**. São Paulo: Paulinas, 2010.

MELLO, A. M. et al. **Portraits von Autismus in Brasilien**. São Paulo: Gráfica da AMA, 2013.106p. (AMA - Associação de amigos do autista).

OLIVEIRA, Marcus Aurélio Taborda(org.). **Educação do corpo na escola brasileira**. Campinas, SP: Autores Associados, 2006.

ROPOLI, Edilene Aparecida. **Sonderpädagogik aus der Perspektive der schulischen Inklusion: die integrative Regelschule**. Brasília: Bildungsministerium, Abteilung für Sonderpädagogik; Fortaleza: Bundesuniversität von Ceará.

SILVA, Aída Maria Monteiro; COSTA, Valdelúcia Alves da Costa (Hrsg.). **Inklusive Bildung und Menschenrechte: zeitgenössische Perspektiven**. São Paulo: Cortez, 2015.

SURIAN, Luca. **Autismus: Wesentliche Informationen für Familienmitglieder, Erzieher und Gesundheitsfachkräfte**. São Paulo: Paulinas, 2010.